Impressum
Verlag: BABADADA GmbH, Nedderfeld 112 , 22529 Hamburg
Geschäftsführer / Verlagsleitung: Harald Hof
Druck: Books on Demand GmbH, In de Tarpen 42, 22848 Norderstedt

Imprint
Publisher: BABADADA GmbH, Nedderfeld 112 , 22529 Hamburg, Germany
Managing Director / Publishing direction: Harald Hof
Print: Books on Demand GmbH, In de Tarpen 42, 22848 Norderstedt

sekolah

escuela

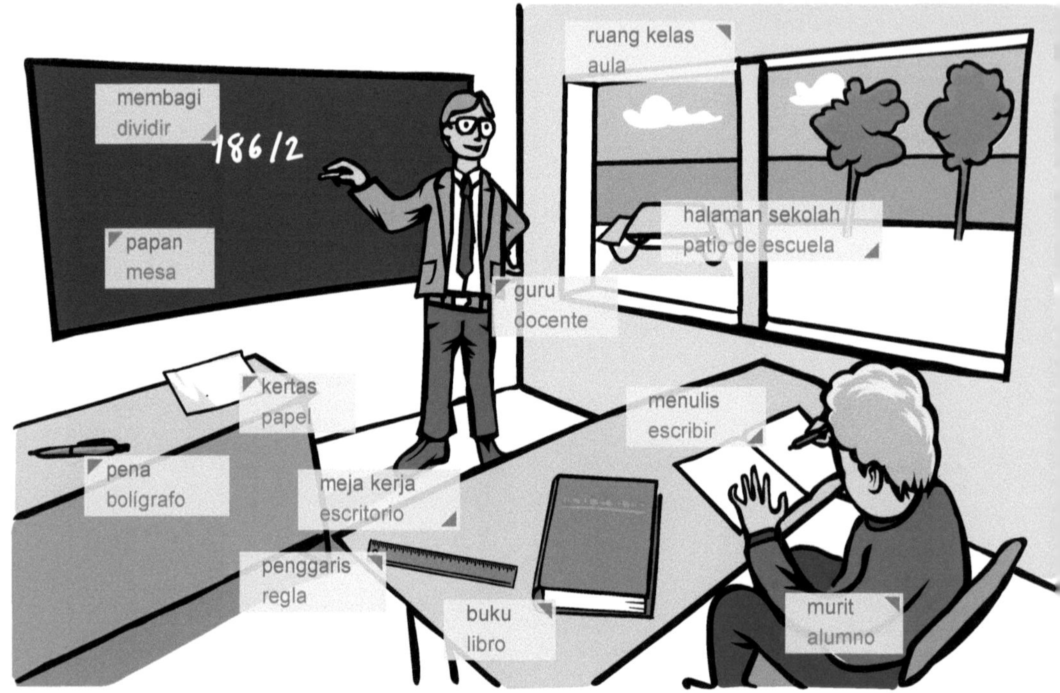

ruang kelas
aula
membagi
dividir
186/2
halaman sekolah
patio de escuela
papan
mesa
guru
docente
kertas
papel
menulis
escribir
pena
bolígrafo
meja kerja
escritorio
penggaris
regla
buku
libro
murit
alumno

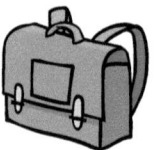

tas sekolah

mochila escolar

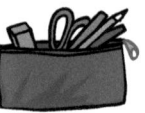

tempat pensil

caja de lápices

pensil

lápiz

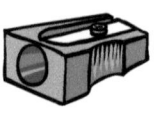

pengasah pensil

sacapuntas

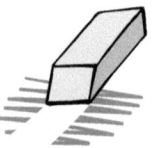

penghapus

goma de borrar

kertas gambar

bloc de dibujo

gambar

dibujo

kuas

pincel

kotak cat

caja de pinturas

gunting

tijera

lem

pegamento

buku latihan

libro de ejercicios

pekerjaan rumah

tarea

angka

número

2+2

tambhakan

sumar

mengurangi

restar

mengalikan

multiplicar

menghitung

calcular

huruf

letra

alfabet

alfabeto

kata

palabra

teks

texto

membaca

leer

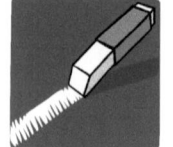

kapur

tiza

pelajaran

lección

daftar

libro de clase

ujian

examen

sertifikat

certificado

seragam sekolah

uniforme escolar

pendidikan

educación

ensiklopedi

enciclopedia

universitas

universidad

mikroskop

microscopio

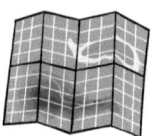

peta

mapa

tempat sampah

cesto de papeles

perjalanan
viaje

hotel
hotel
hostel
albergue
kantor pertukaran mata uang
casa de cambio
koper
maleta
mobil
auto

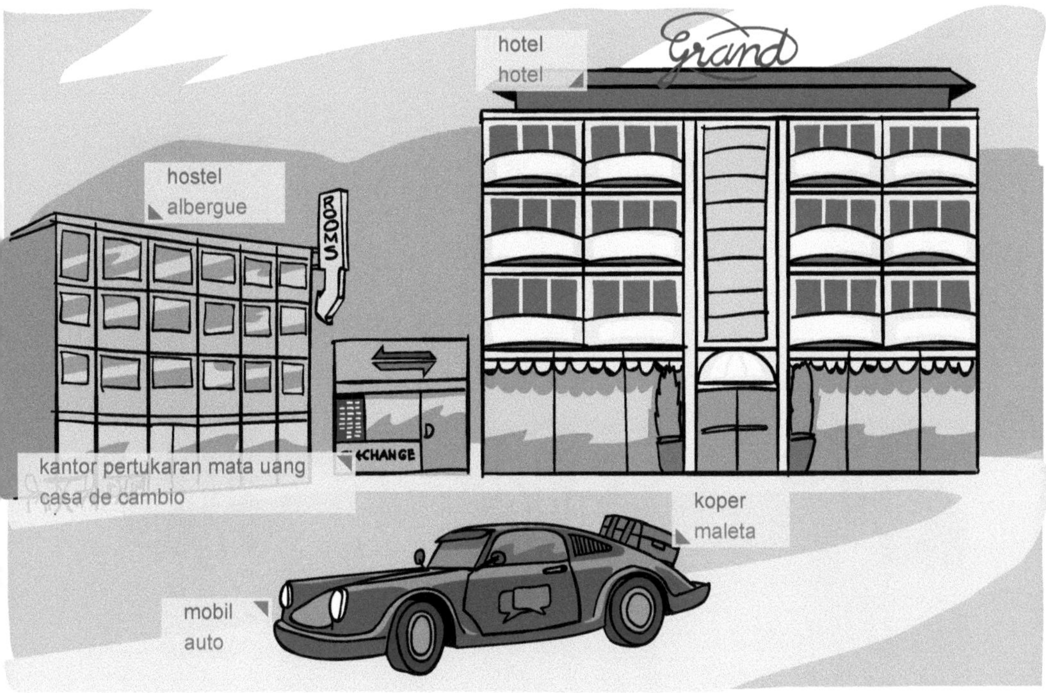

bahasa
idioma

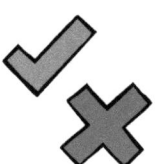

ya / tidak
sí / no

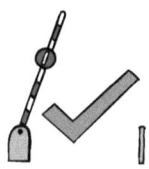

okay
ok

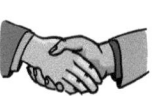

hallo
hola

penerjemah
intérprete

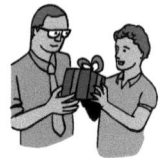

terima kasih
gracias

Berapa harganya…?

¿Cuánto cuesta…?

saya tidak mengerti

No entiendo

masalah

problema

Selamat malam!

¡Buenas tardes!

Selamat siang!

¡Buenos días!

Selamat tidur!

¡Buenas noches!

sampai jumpa

adiós

arah

dirección

bagasi

equipaje

tas

bolso

ransel

mochila

tamu

invitado

ruang

cuarto

kantong tidur

saco de dormir

tenda

tienda de campaña

informasi wisata

información al turista

pantai

playa

kartu kredit

tarjeta de crédito

sarapan

desayuno

makan siang

almuerzo

makan malam

cena

tiket

pasaje

elevator

ascensor

perangko

sello

perbatasan

límite

cukai

aduana

kedutaan

embajada

visa

visa

paspor

pasaporte

transportasi
transporte

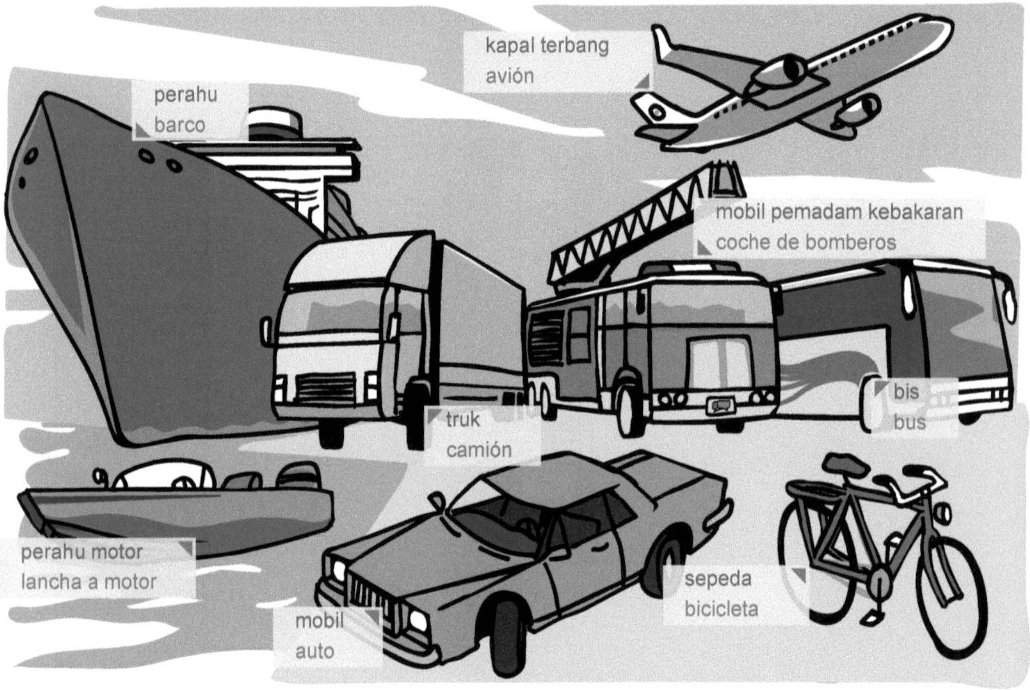
kapal terbang
avión
perahu
barco
mobil pemadam kebakaran
coche de bomberos
truk
camión
bis
bus
perahu motor
lancha a motor
sepeda
bicicleta
mobil
auto

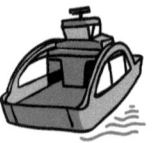

feri

balsa

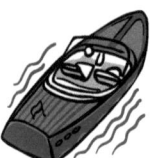

perahu

lancha

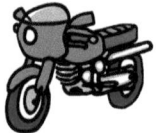

sepeda motor

motocicleta

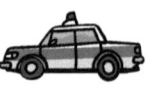

mobil polisi

auto de policía

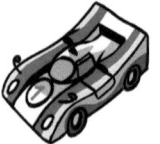

mobil balapan

auto de carreras

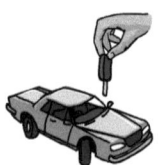

mobil sewa

auto de alquiler

berbagi mobil

alquiler de autos

truk derek

grúa

truk sampah

vehículo recolector de basura

motor

motor

bahan bakar

gasolina

bensin

gasolinera

tanda lalulintas

señal de tráfico

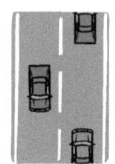

lalulintas

tránsito

macet

atasco

parkir mobil

estacionamiento

stasiun kereta

estación de tren

trek

carril

kereta api

tren

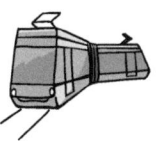

tram

tranvía

gerobak

vagón

helikopter

helicóptero

bendara

aeropuerto

menara

torre

penumpang

pasajero

container

contenedor

karton

caja de cartón

troli

carro

keranjang

cesta

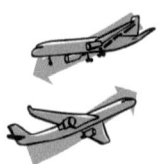

berangkat / mendarat

despegar / aterrizar

kota

ciudad

desa

aldea

pusat kota

centro de la ciudad

rumah

casa

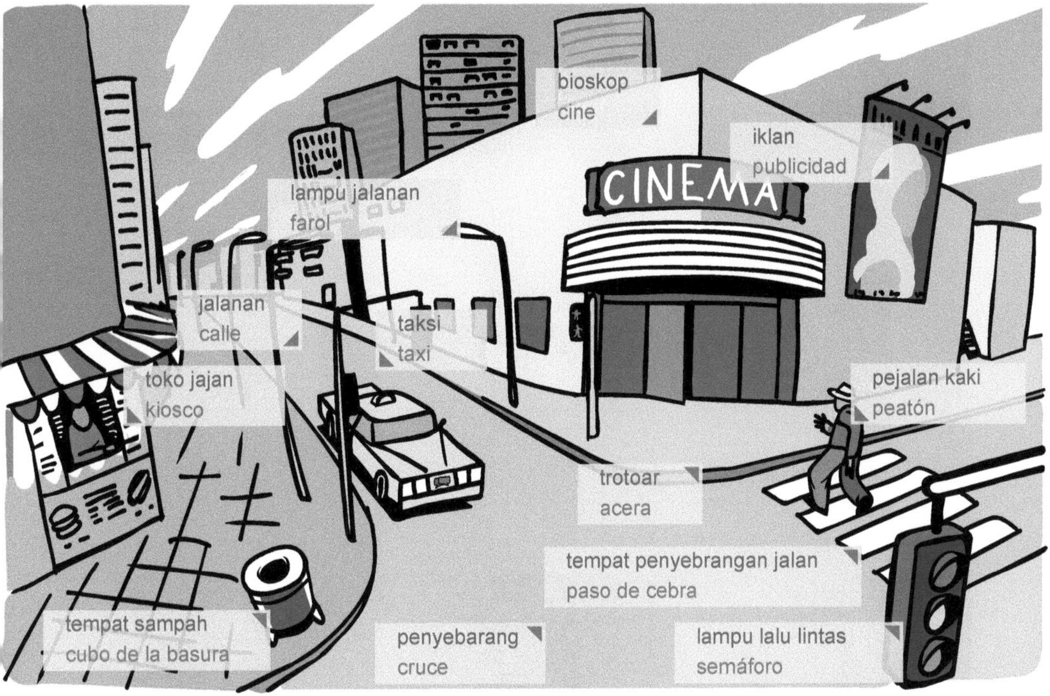

bioskop
cine

iklan
publicidad

lampu jalanan
farol

CINEMA

jalanan
calle

taksi
taxi

toko jajan
kiosco

pejalan kaki
peatón

trotoar
acera

tempat penyebrangan jalan
paso de cebra

lampu lalu lintas
semáforo

tempat sampah
cubo de la basura

penyebarang
cruce

gubuk
....
cabaña

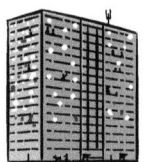

rumah flat
....
apartamento

stasiun kereta
....
estación de tren

balai kota
....
ayuntamiento

museum
....
museo

sekolah
....
escuela

universitas

universidad

bank

banco

rumah sakit

hospital

hotel

hotel

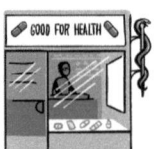

farmasi

farmacia

kantor

oficina

toko buku

librería

toko

negocio

toko bunga

florería

supermarket

supermercado

pasar

mercado

toko serba ada

grandes almacenes

nelayan

pescadería

pusat belanja

centro comercial

pelabuhan

puerto

taman

parque

banku

banco

jembatan

puente

tangga

escalera

kereta bawah tanah

metro

terowongan

túnel

pemberhantian bis

parada de autobuses

bar

bar

restauran

restaurante

kotak surat

buzón de correo

tanda jalan

letrero

meteran parkir

parquímetro

kebun binatang

zoológico

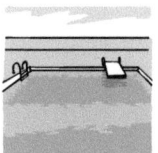

kolam renang

piscina

mesjid

mezquita

pertanian

granja

polusi

polución

kuburan

cementerio

gereja

iglesia

tempat bermain

parque infantil.

pura

templo

pemandangan
paisaje

daun
hoja

penunjuk arah
indicador de camino

jalanan
sendero

padang rumput
pradera

batu
piedra

pohon
árbol

pejalak kaki
caminante

sungai
río

rumput
pasto

bunga
flor

lembah
valle

bukit
montaña

danau
lago

hutan
bosque

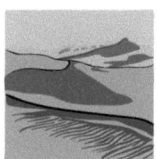

padang gurun
desierto

gunung berapi
volcán

istana
castillo

pelangi
arco iris

jamur
seta

pohon palem
palmera

nyamuk
mosquito

lalat
mosca

semut
hormiga

lebah
abeja

laba-laba
araña

kumbang

escarabajo

kodok

rana

tupai

ardilla

landak

erizo

kelinci

liebre

burung hantu

lechuza

burung

pájaro

angsa

cisne

babi jantan

jabalí

rusa

ciervo

rusa

alce

bendungan

embalse

turbin angin

aerogenerador

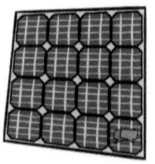

panel surya

módulo solar

iklim

clima

restauran
restaurante

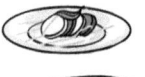

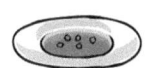

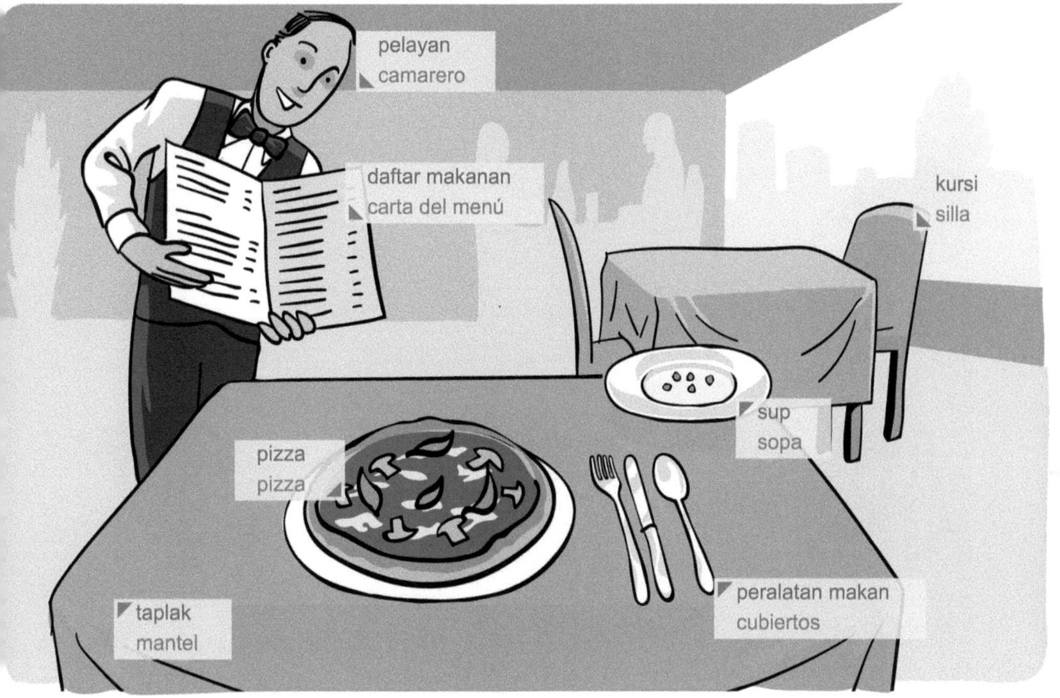

pelayan
camarero
daftar makanan
carta del menú
kursi
silla
sup
sopa
pizza
pizza
taplak
mantel
peralatan makan
cubiertos

hindangan pembuka

entrada

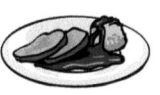

hidangan utama

plato principal

hidangan penutup

postre

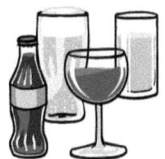

minuman

bebida

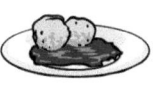

makanan

comida

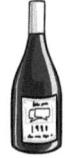

botol

botella

fastfood

comida rápida

masakan jalanan

comida callejera

teko teh

tetera

kaleng gula

azucarera

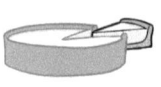

porsi

porción

mesin espresso

máquina de espresso

kursi tinggi

silla alta

tagihan

factura

baki

bandeja

pisau

cuchillo

garpu

tenedor

sendok

cuchara

sendok teh

cuchara de té

serbet

servilleta

gelas

vaso

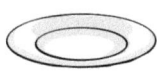

piring

plato

piring sup

plato de sopa

lepek

platillo

saus

salsa

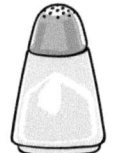

tempat garam

salero

gilingan merica

molinillo para pimienta

cuka

vinagre

minyak

aceite

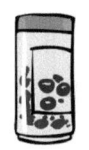

bumbu

especias

saus tomat

ketchup

mustar

mostaza

mayones

mayonesa

supermarket
supermercado

penawaran khusus
oferta
klien
cliente
produk susu
productos lácteos
buah
fruta
troli
carrito de compras
FOR

BUTCHERS

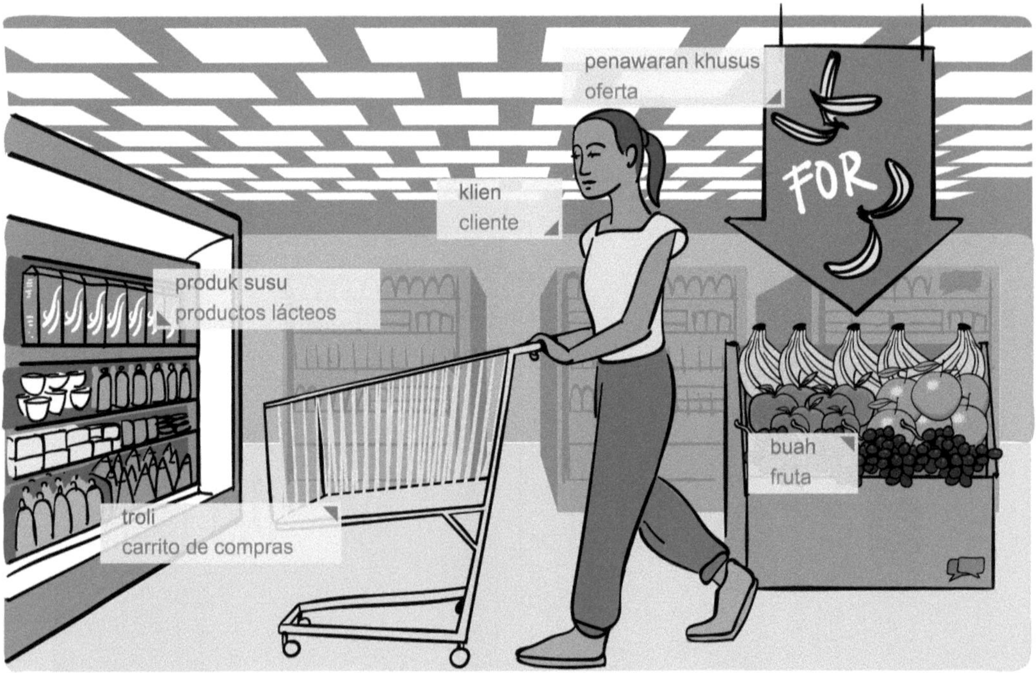

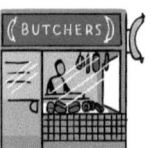

pembantai

carnicería

BAKERY

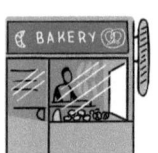

toko roti

panadería

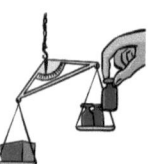

menimbang

pesar

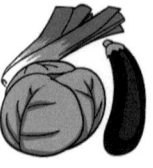

sayur

verdura

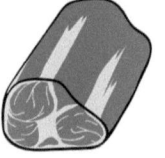

daging

carne

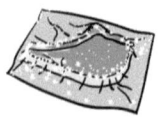

makanan beku

alimentos congelados

pemotongan dingin

fiambre

makanan kaleng

conservas

sabun serbuk

detergente en polvo

permen

dulces

alat-alat rumah tangga

artículos domésticos

obat pembersihan

productos de limpieza

penjual

vendedora

kasa

caja

kasir

cajero

daftar belanja

lista de compras

jam buka

horario de atención

dompet

cartera

kartu kredit

tarjeta de crédito

tas

maleta

kantong plastik

bolsa plástica

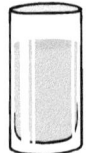

air

agua

jus

jugo

susu

leche

cola

refresco de cola

anggur

vino

bir

cerveza

alkohol

alcohol

coklat

cacao

teh

té

kopi

café

espresso

espresso

cappucino

cappuccino

pisang

banana

apel

manzana

jeruk

naranja

semangka

sandía

jeruk lemon

limón

wortel

zanahoria

bawang putih

ajo

bambu

bambú

bawang bombai

cebolla

jamur

seta

kacang

nueces

mi

fideos

spagetti

espagueti

nasi

arroz

salat

ensalada

kentang goreng

patatas fritas

kentang goreng

patatas salteadas

pizza

pizza

hamburger

hamburguesa

sandwich

sándwich

sayatan

escalope

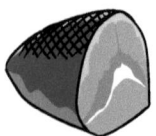

ham

jamón

salami

salame

sosis

embutido

ayam

pollo

menggoreng

asado

ikan

pescado

bubur gandum

copos de avena

sereal

musli

cornflakes

copos de maíz tostado

tepung

harina

croissant

croissant

roti

panecillo

roti

pan

toast

tostada

biskuit

galletas

mentega

mantequilla

dadih

cuajada

kue

pastel

telur

huevo

telur goreng

huevo frito

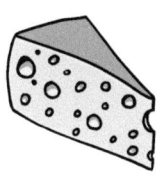

keju

queso

eskrim

helado

gula

azúcar

madu

miel

selai

mermelada

krim nugat

praliné

kare

curry

pertanian

granja

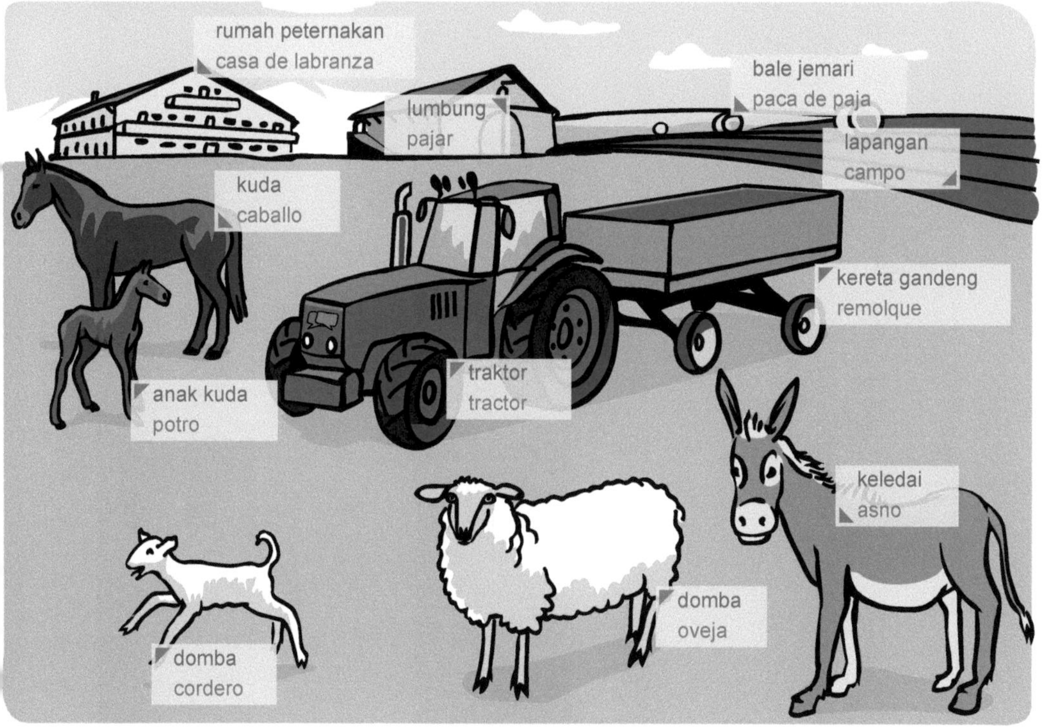
rumah peternakan
casa de labranza
lumbung
pajar
bale jemari
paca de paja
lapangan
campo
kuda
caballo
kereta gandeng
remolque
traktor
tractor
anak kuda
potro
keledai
asno
domba
oveja
domba
cordero

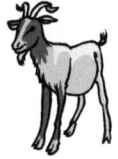

kambing

cabra

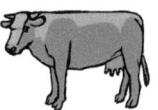

sapi

vaca

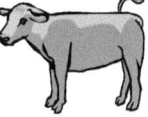

betis

ternero

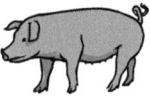

babi

cerdo

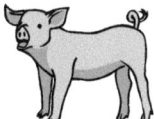

celeng

lechón

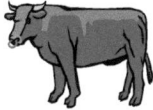

banteng

toro

angsa

ganso

bebek

pato

anak ayam

polluelo

ayam

pollo

ayam jantan

gallo

tikus

rata

kucing

gato

tikus

ratón

lembu

buey

anjing

perro

rumah anjing

caseta del perro

selang

manguera de riego

penyiram

regadera

sabit

guadaña

bajak

arado

sabit

hoz

cangkul

azada

garpu rumput

bieldo

kapak

hacha

gerobak

carretilla

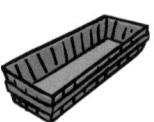

palung

abrevadero

kaleng susu

lechera

karung

saco

pagar

cerca

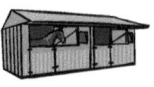

kandang

establo

rumah kaca

invernadero

tanah

suelo

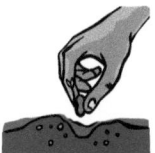

benih

semilla

pupuk

fertilizante

mesin pemanen

cosechadora

panen

cosechar

panen

cosecha

yams

raíz de ñame

gandum

trigo

kedelai

soja

kentang

patata

jagung

maíz

lobak

colza

pohon buah

Árbol frutal

singkong

mandioca

sereal

cereales

rumah

casa

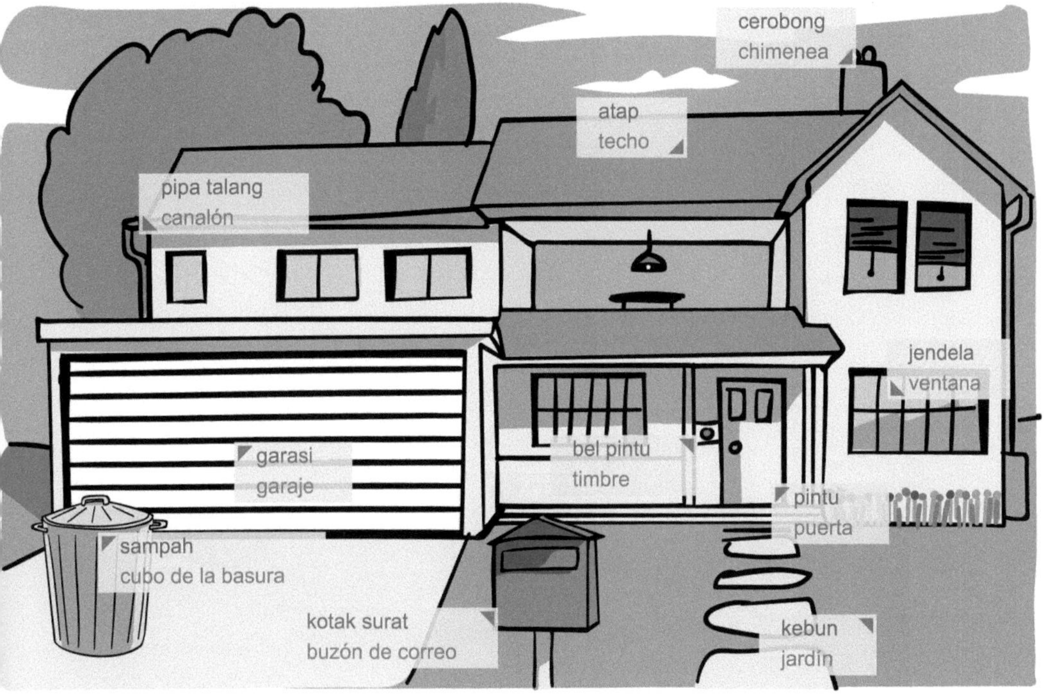

cerobong
chimenea
atap
techo
pipa talang
canalón
jendela
ventana
garasi
garaje
bel pintu
timbre
pintu
puerta
sampah
cubo de la basura
kotak surat
buzón de correo
kebun
jardín

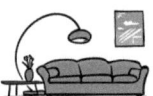

ruang tamu

cuarto de estar

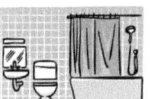

kamar mandi

cuarto de baño

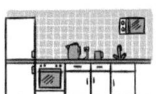

dapur

cocina

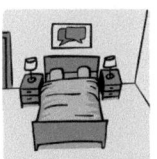

kamar tidur

dormitorio

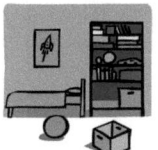

kamar anak

cuarto de los niños

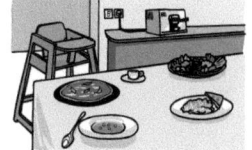

kamar makan

comedor

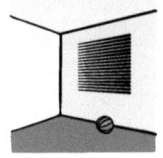

lantai

piso

tembok

pared

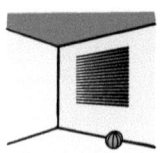

atap

cielorraso

gudang di bawah tanah

sótano

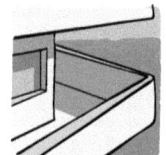

sauna

sauna

balkon

balcón

teras

terraza

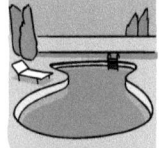

kolam renang

piscina

mesin pemotong rumput

cortacésped

sprei

funda nórdica

selimut

edredón

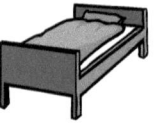

tempat tidur

cama

sapu

escoba

ember

cubo

tombol

interruptor

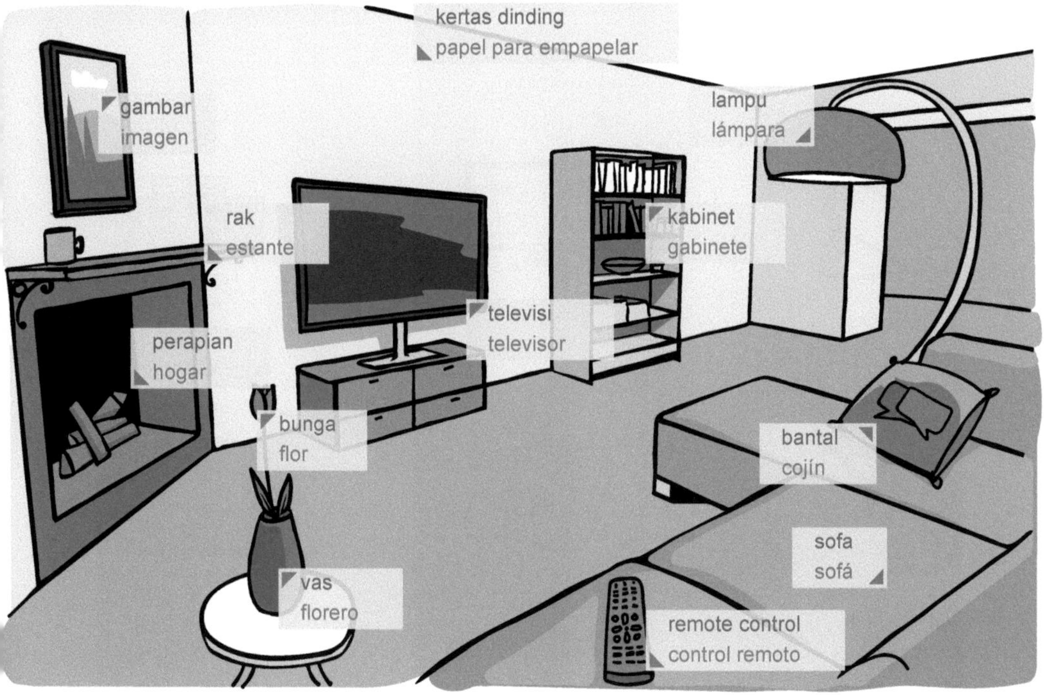

kertas dinding
papel para empapelar

gambar
imagen

lampu
lámpara

rak
estante

kabinet
gabinete

perapian
hogar

televisi
televisor

bunga
flor

bantal
cojín

sofa
sofá

vas
florero

remote control
control remoto

karpet

alfombra

korden

cortina

meja

mesa

kursi

silla

kursi goyang

mecedora

kursi malas

sillón

buku
libro

selimut
frazada

dekorasi
decoración

kayu bakar
leña

filem
film

hi-fi
equipo estereofónico

kunci
llave

koran
periódico

lukisan
cuadro

poster
póster

radio
radio

buku tulis
bloc de notas

penyedot debu
aspiradora

kaktus
cactus

lilin
vela

dapur
cocina

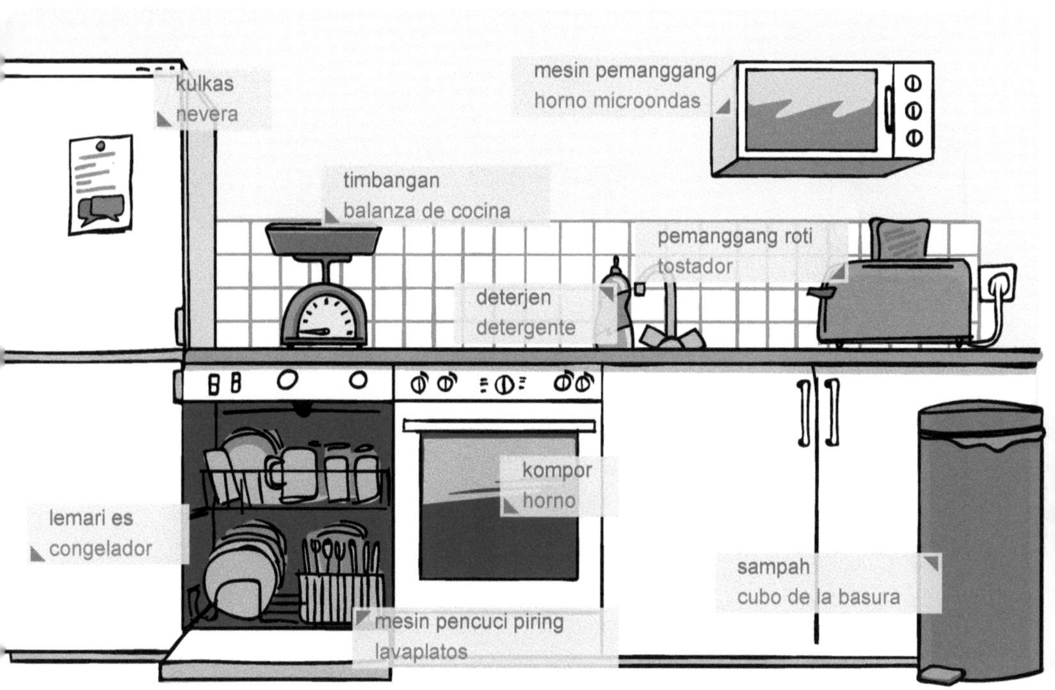
kulkas
nevera
mesin pemanggang
horno microondas
timbangan
balanza de cocina
pemanggang roti
tostador
deterjen
detergente
kompor
horno
lemari es
congelador
sampah
cubo de la basura
mesin pencuci piring
lavaplatos

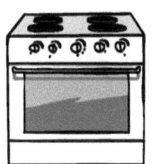

kompor
cocina

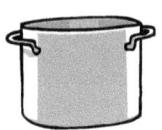

panci
olla

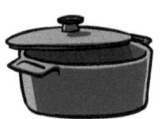

panci besi
olla de fundición de hierro

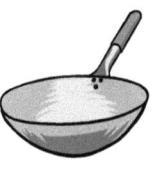

wajan
wok / kadai

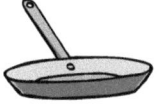

panci
sartén

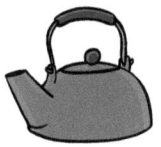

pemanas air
hervidor de agua

panci pengukus makanan

olla de vapor

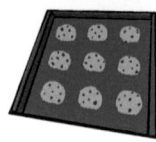

nampan

bandeja de horno

piring

vajilla

cangkir

vaso

mangkok

bol

sumpit

palillos para comer

sendok sup

cucharón de sopa

sudip

espátula

mengocok

batidor

saringan

colador

saringan

cedazo

parutan

rallador

mortir

mortero

barbeque

parrillada

api terbuka

fogata

papan memotong

tabla de picar

gilingan

rodillo

alat pembuka botol

sacacorchos

kaleng

lata

pembuka kaleng

abrelatas

pegangan panci

agarrador

wastafel

fregadero

sikat

cepillo

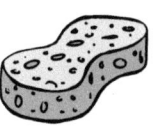

busa

esponja

mesin pencampur

batidora

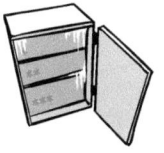

lemari es

arcón congelador

botol bayi

biberón

keran

grifo

kamar mandi

cuarto de baño

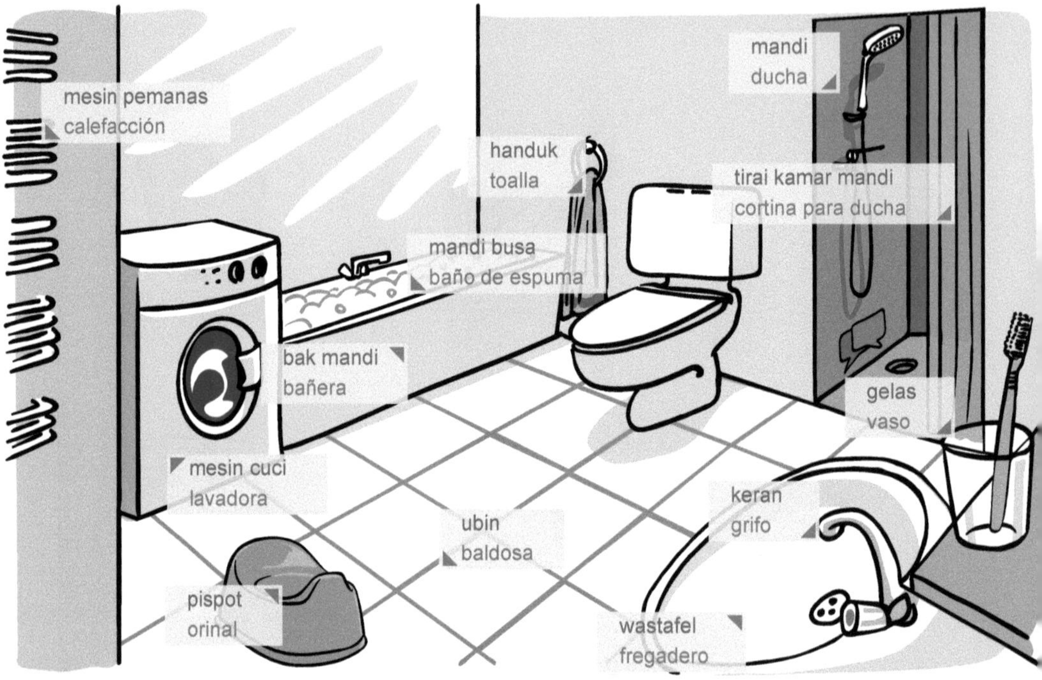

mesin pemanas
calefacción

mandi
ducha

handuk
toalla

tirai kamar mandi
cortina para ducha

mandi busa
baño de espuma

bak mandi
bañera

gelas
vaso

mesin cuci
lavadora

keran
grifo

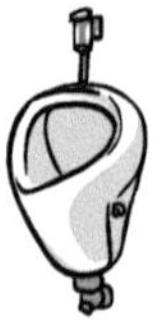

ubin
baldosa

pispot
orinal

wastafel
fregadero

toilet	toilet jongkok	bidet
cuarto de baño	placa turca	bidé
pissoir	kertas toilet	sikat toilet
urinario	papel higiénico	escobilla para el cuarto de baño

sikat gigi

cepillo de dientes

pasta gigi

pasta dentífrica

benang gigi

seda dental

menyuci

lavar

pancuran tangan

ducha teléfono

pancuran

ducha higiénica

bak

cuenco

sikat punggung

cepillo para la espalda

sabun

jabón

gel mandi

gel de ducha

sampo

champú

planel

manopla para baño

kuras

desagüe

krim

crema

deodoran

desodorante

kaca

espejo

cermin tangan

espejo de maquillaje

pisau cukur

máquina de afeitar

busa cukur

espuma de afeitar

aftershave

loción para después del
afeitado

sisir

peine

sikat

cepillo

alat pengering rambut

secador para cabello

semprot rambut

laca de peinado

makeup

maquillaje

lipstik

lápiz labial

cat kuku

laca para uñas

kapas

algodón

gunting kuku

tijera para uñas

minyak wangi

perfume

kantong pencuci

neceser

bangku

taburete

timbangan

balanza

mantel mandi

bata de baño

sarung tangan karet

guantes de goma

tampon

tampón

handuk pembalut

compresa

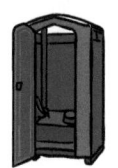

toilet kimia

wáter químico

kamar anak

cuarto de los niños

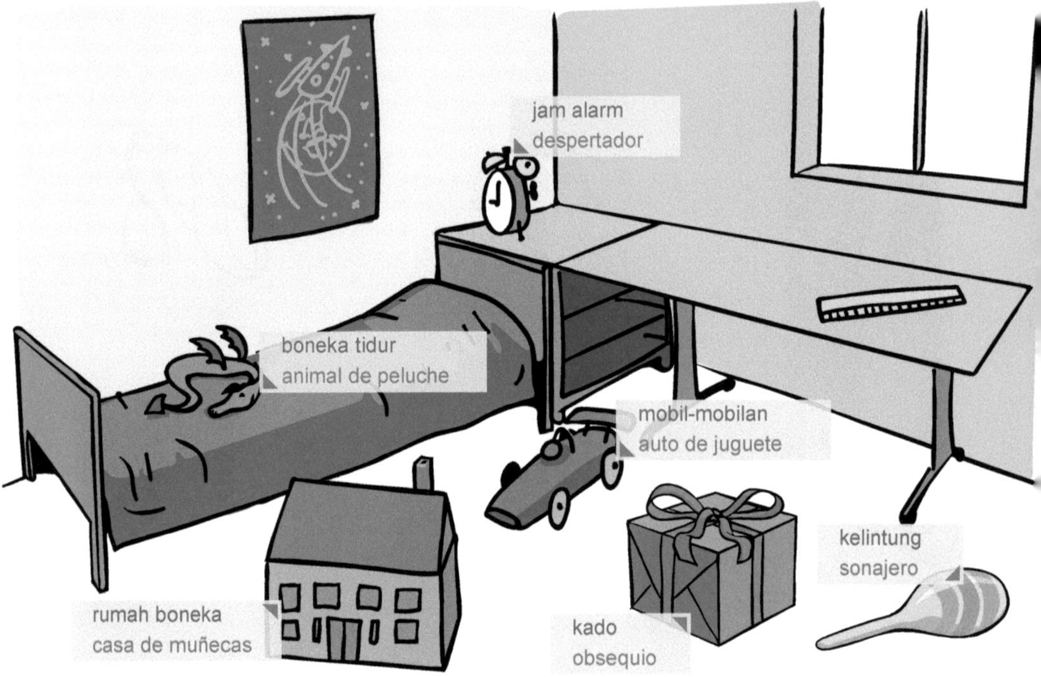
jam alarm
despertador
boneka tidur
animal de peluche
mobil-mobilan
auto de juguete
kelintung
sonajero
rumah boneka
casa de muñecas
kado
obsequio

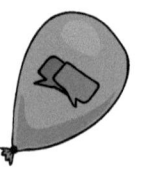

balon

globo

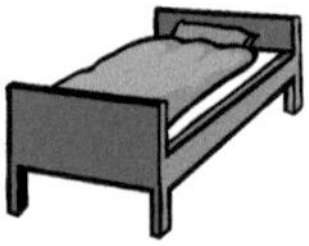

tempat tidur

cama

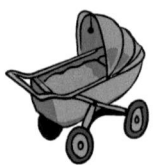

kereta bayi

cochecito para niños

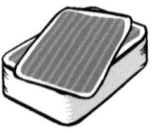

mainan kartu

juego de barajas

teka-teki

rompecabezas

SUPER
MEGA

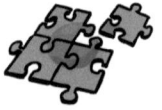

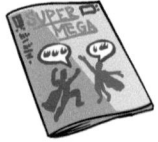

komik

cómic

mainan lego

piezas de Lego

blok mainan

bloques para jugar

figur aksi

figura de acción

baju monyet

pijama de una pieza

frisbee

frisbee

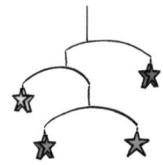

mobile

móvil

permainan papan

juego de mesa

dadu

dado

set model kreta api

tren eléctrico a escala

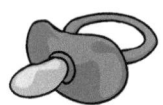

dot

chupete

pesta

fiesta

buku gambar

libro de dibujos

bola

pelota

boneka

títere

bermain

jugar

tempat main pasir

arenero

ayunan

columpio

mainan

juguetes

video game konsol

consola de videojuego

sepeda roda tiga

triciclo

teddy

osito de peluche

lemari pakaian

guardarropa

pakaian

vestimenta

kaos kaki

calcetines

kaos kaki

medias

baju ketat

panti

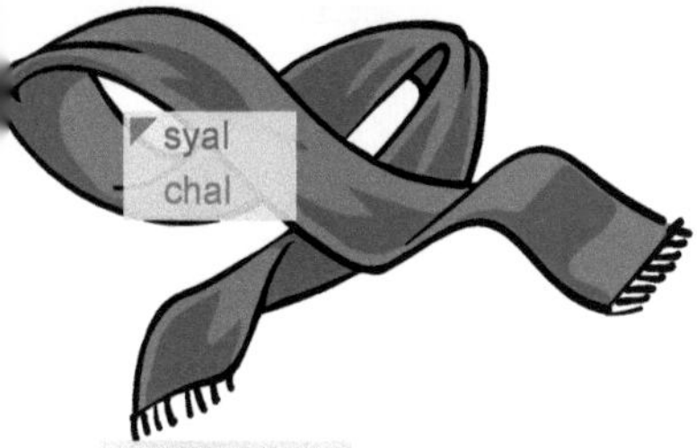

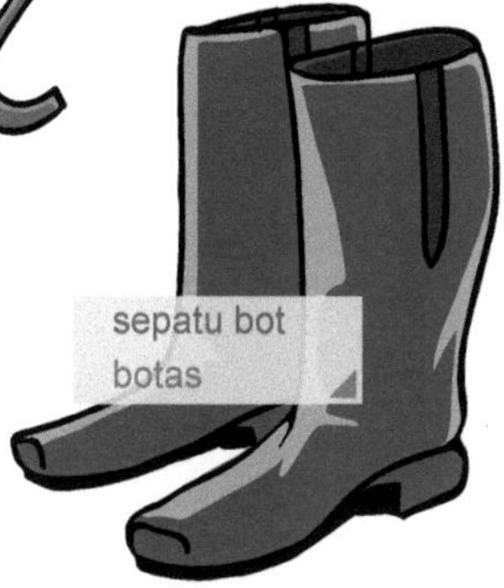

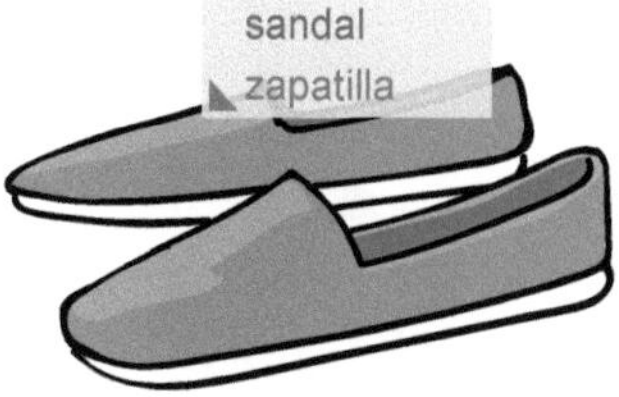

syal
chal

sabuk
cinturón

payung
paraguas

kaos
camiseta

sepatu bot
botas

sandal
zapatilla

sepatu
deportivas

sandal
sandalias

sepatu
zapatos

sepatu bot karet
botas de goma

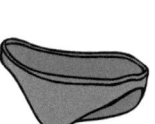

celana dalam
ropa interior

BH
corpiño

baju rompi
camiseta

body

body

celana

pantalón

jeans

jeans

rok

falda

blus

blusa

kemeja

camisa

aket berkerudung

pullover

sweater

sweater

jaket

blazer

jaket

chaqueta

mantel

abrigo

jas hujan

impermeable

kostum

traje chaqueta

gaun

vestido

gaun pengantin

vestido de bodas

setelan resmi

traje

gaun tidur

camisón

piyama

pijama

sari

sari

jilbab

pañuelo de cabeza

turban

turbante

burka

burka

kaftan

caftán

abaya

abaya

pakaian renang

traje de baño

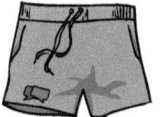

celana renang

bañador

celana pendek

shorts

olah raga

chándal

celemek

delantal

sarung tangan

guante

kancing

botón

kacamata

gafa

gelang

brazalete

kalung

cadena

cincin

anillo

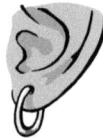

anting

aro

topi

gorra

gantungan mantel

percha

topi

sombrero

dasi

corbata

ritsleting

cierre a cremallera

helm

casco

tali selempang

tiradores

seragam sekolah

uniforme escolar

seragam

uniforme

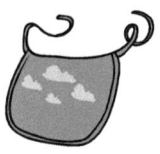

oto

babero

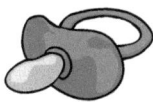

dot

chupete

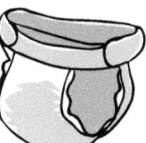

popok

pañal

kantor
oficina

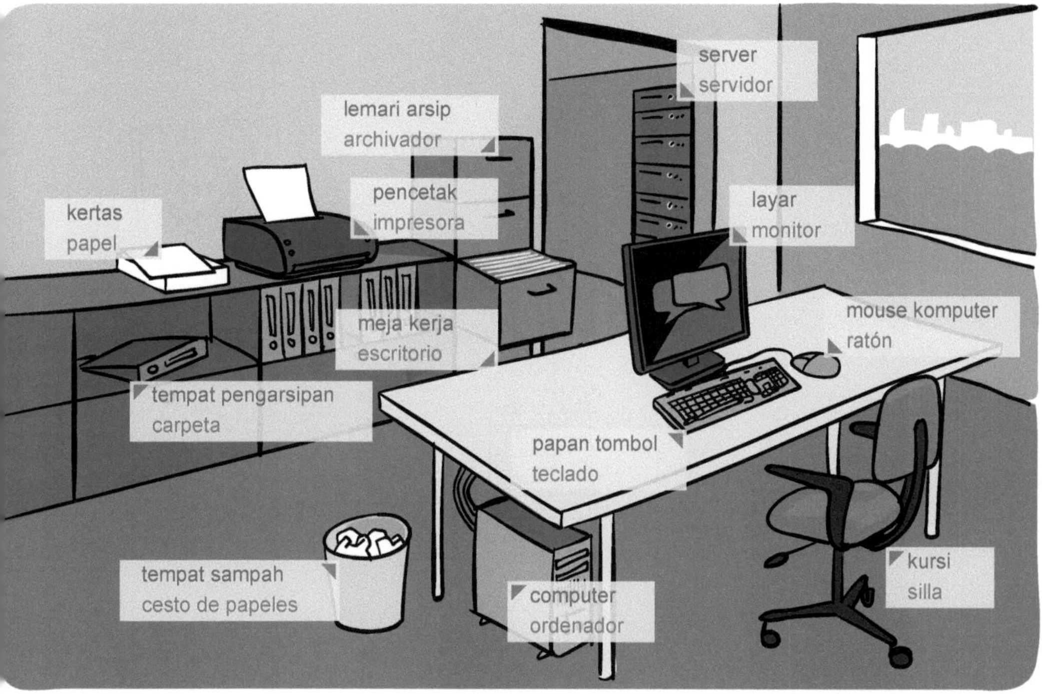
server
servidor
lemari arsip
archivador
pencetak
impresora
kertas
papel
layar
monitor
mouse komputer
ratón
meja kerja
escritorio
tempat pengarsipan
carpeta
papan tombol
teclado
tempat sampah
cesto de papeles
computer
ordenador
kursi
silla

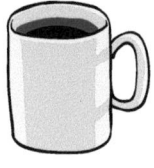

cangkir kopi

taza de café

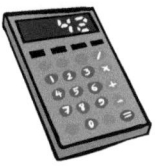

kalkulator

calculadora

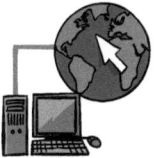

internet

internet

laptop
laptop

surat
carta

pesan
mensaje

telepon seluler
teléfono móvil

jaringan
red

fotokopi
fotocopiadora

software
software

telepon
teléfono

plug soket
tomacorriente

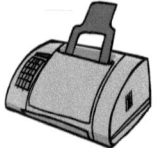

mesin fax
máquina de fax

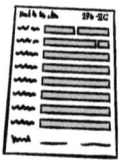

formulir
formulario

dokumen
documento

membeli
....
comprar

membayar
....
pagar

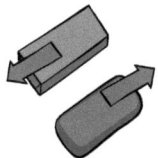

berdagang
....
comerciar

uang
....
dinero

Dollar
....
dólar

Euro
....
euro

Yen
....
yen

Rubel
....
rublo

Franc Swiss
....
franco

Renminbi Yuan
....
renminbi

Rupiah
....
rupia

ATM
....
cajero automático

kantor pertukaran mata
uang
....
casa de cambio

emas
....
oro

perak
....
plata

minyak
....
petróleo

energi
....
energía

harga
....
precio

kontrak
....
contrato

pajak
....
impuesto

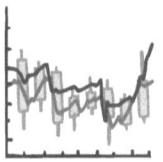

saham
....
acción

bekerja
....
trabajar

karyawan
....
empleado

majikan
....
empleador

pabrik
....
fábrica

toko
....
negocio

pekerjaan
ocupaciones

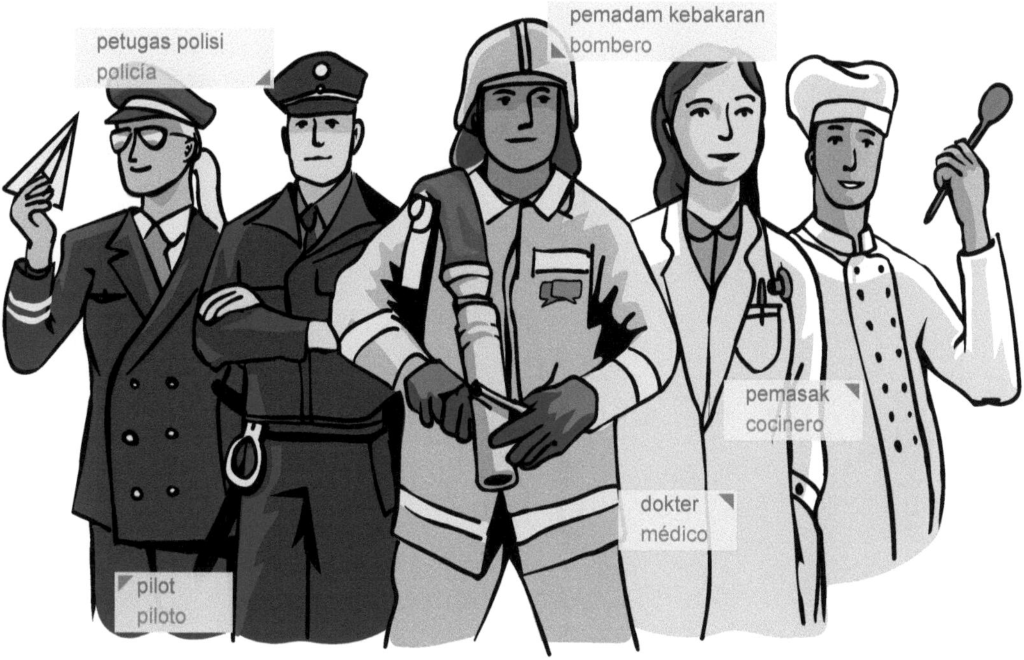
petugas polisi
policía
pemadam kebakaran
bombero
pemasak
cocinero
dokter
médico
pilot
piloto

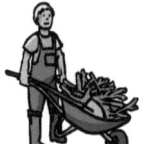

tukan kebun

jardinero

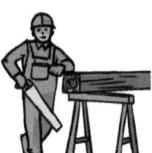

tukang kayu

carpintero

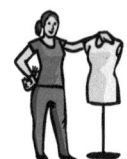

penjahit wanita

costurera

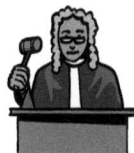

hakim

juez

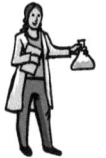

ahli kimia

químico

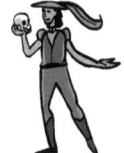

aktor

actor

sopir bis

conductor de autobús

sopir taksi

taxista

nelayan

pescador

pembantu

mujer de la limpieza

tukang atap

techista

pelayan

camarero

pemburu

cazador

pelukis

pintor

tukang roti

panadero

tukang listrik

electricista

pembangun

albañil

insinyur

ingeniero

tukang daging

carnicero

tukang ledeng

fontanero

tukang pos

cartero

tentara

soldado

arsitek

arquitecto

kasir

cajero

penjual bunga

florista

penata rambut

peluquero

konduktor

cobrador

montir

mecánico

kapten

capitán

dokter gigi

odontólogo

ilmuwan

científico

rabbi

rabino

imam

imam

biarawan

monje

pendeta

párroco

alat

herramientas

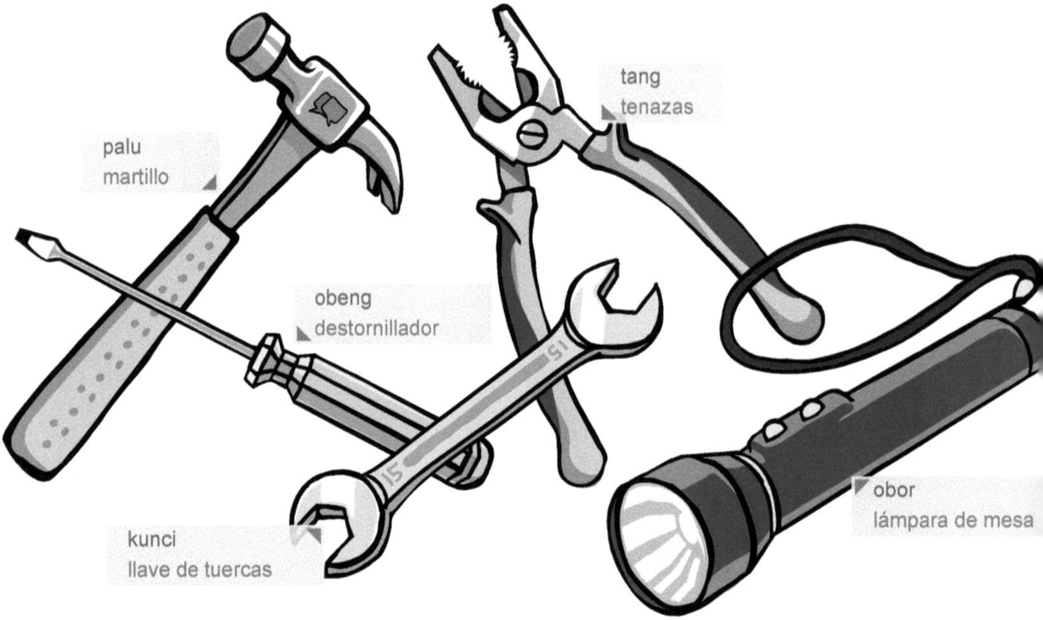
tang
tenazas
palu
martillo
obeng
destornillador
kunci
llave de tuercas
obor
lámpara de mesa

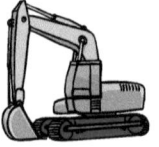

penggali

excavadora

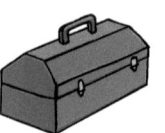

tas perkakas

caja de herramientas

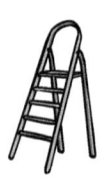

tangga

escalerilla

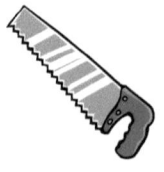

gergaji

serrucho

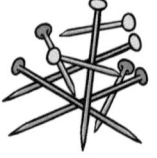

paku

clavos

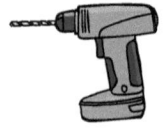

bor

taladro

perbaikan

reparar

sekop

pala

Sialan!

¡Maldición!

cikrak

recogedor

pot cat

lata de pintura

tornillos

sekrup

tornillos

alat musik

instrumentos musicales

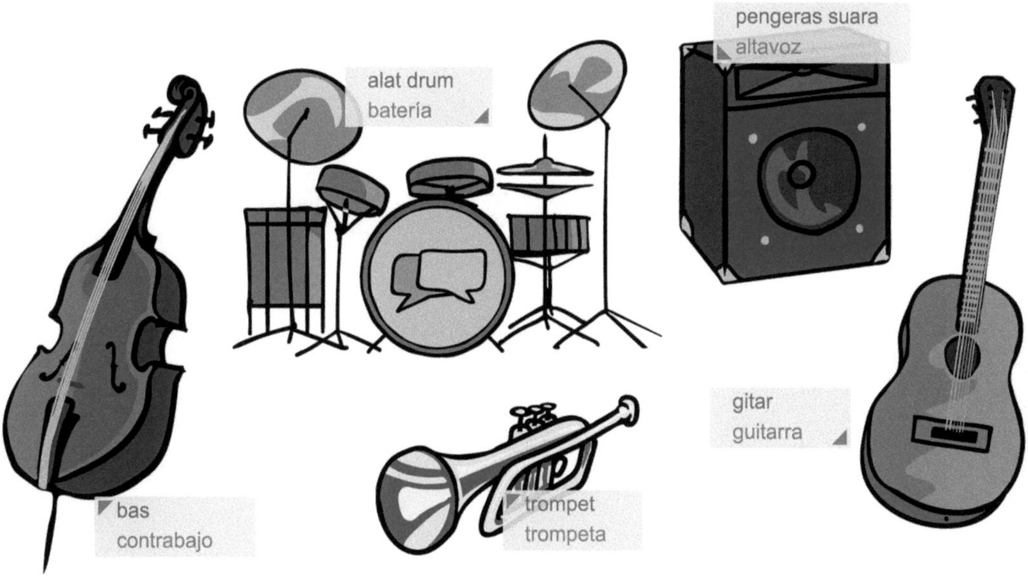

pengeras suara
altavoz

alat drum
batería

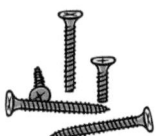

bas
contrabajo

trompet
trompeta

gitar
guitarra

piano

piano

violin

violín

bass

bajo

tambur

timbales

drum

tambor

keyboard

teclado

saksofon

saxofón

suling

flauta

mikrofon

micrófono

alat musik - instrumentos musicales

kebun binatang
zoológico

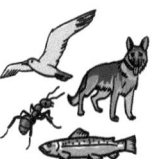

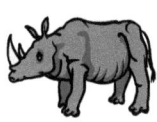

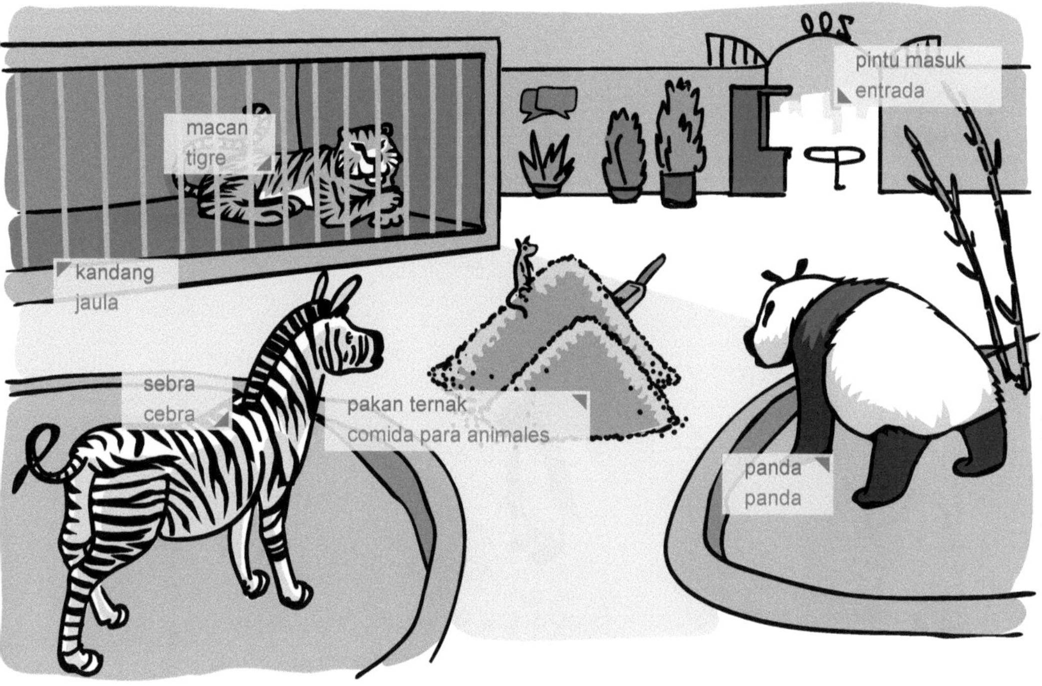

pintu masuk
entrada
macan
tigre
kandang
jaula
sebra
cebra
pakan ternak
comida para animales
panda
panda

hewan

animales

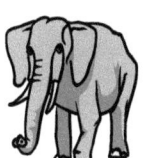

gajah

elefante

kanguru

canguro

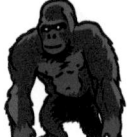

badak

rinoceronte

gorila

gorila

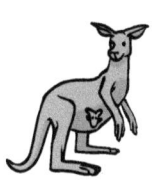

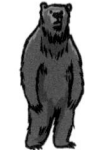

beruang

oso

unta

camello

burung unta

avestruz

singa

león

monyet

mono

flamingo

flamengo

burung beo

papagayo

beruang polar

oso polar

penguin

pingüino

hiu

tiburón

merak

pavo real

ular

serpiente

buaya

cocodrilo

penjaga kebun binatang

cuidador del zoológico

segel

foca

jaguar

jaguar

kuda poni

pony

macan tutul

leopardo

kuda nil

hipopótamo

jerapah

jirafa

burung elang

águila

babi jantan

jabalí

ikan

pescado

kura-kura

tortuga

anjing laut

morsa

rubah

zorro

kijang

gacela

american football
fútbol americano

naik sepeda
ciclismo

tennis
tenis

basketbal
baloncesto

bernang
natación

tinju
boxeo

hoki es
hockey sobre hielo

sepak bola

fútbol

badminton

badminton

atletik

atletismo

bola tangan

balonmano

main ski

esquí

polo

polo

aktivitas
actividades

ketawa
reír
meloncat
saltar
memeluk
abrazar
berjalan
caminar
menyanyi
cantar
mengimpi
soñar
berdoa
rezar
mencium
besar

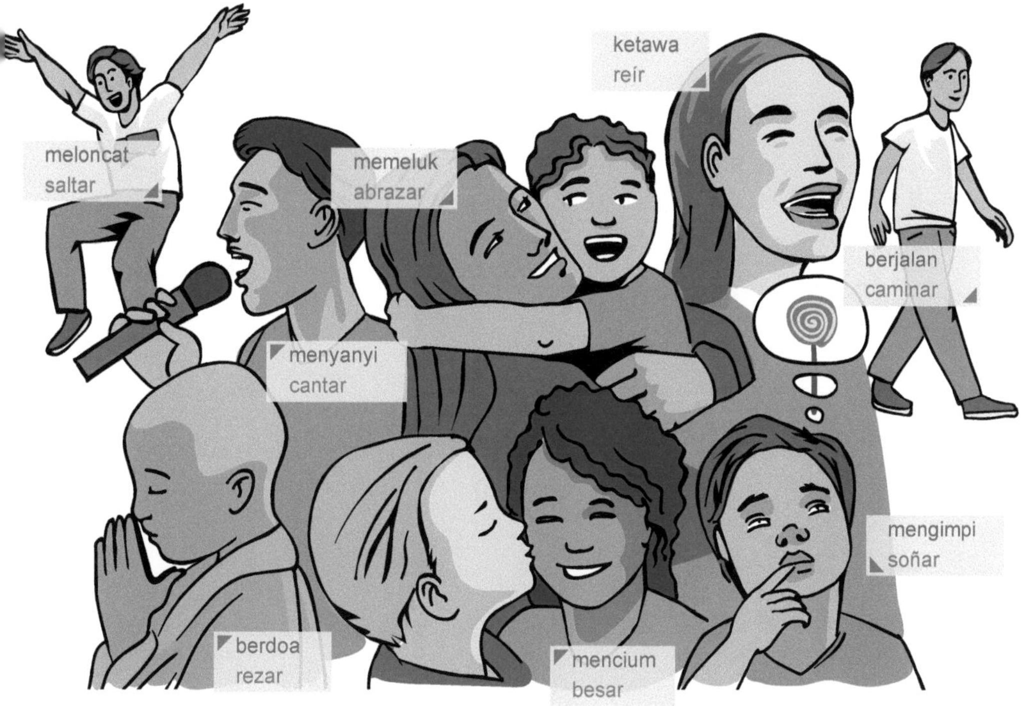

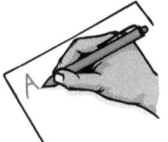

menulis

escribir

melukis

dibujar

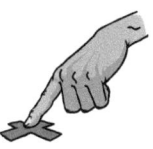

menunjuk

mostrar

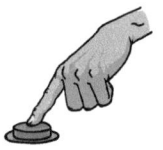

mendorong

presionar

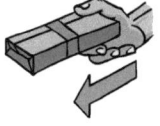

memberikan

dar

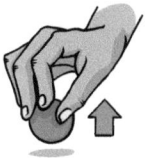

mengambil

tomar

mempunyai

tener

melakukan

hacer

adalah

ser

berdiri

estar de pie

berlari

correr

menarik

tirar

melempar

arrojar

jatuh

caer

tidur

estar acostado

menunggu

esperar

membawa

llevar

duduk

estar sentado

berpakaian

vestirse

tidur

dormir

bangun

despertar

melihat

mirar

menangis

llorar

mengelus

acariciar

menyisir

peinarse

berbicara

conversar

mengerti

entender

menanyak

preguntar

mendengar

oír

minum

beber

makan

comer

merapikan

asear

cinta

amar

memasak

cocinar

menyetir

conducir

terbang

volar

berlayar

navegar

menghitung

calcular

membaca

leer

belajar

aprender

bekerja

trabajar

menikah

casarse

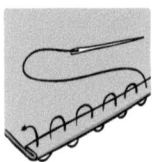

menjahit

coser

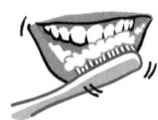

sikat gigi

limpiarse los dientes

membunuh

matar

merokok

fumar

kirim

enviar

nenek
abuela

kakek
abuelo

bapak
padre

ibu
madre

bayi
bebé

putri
hija

putra
hijo

tamu
invitado

bibi
tía

paman
tío

kakak laki
hermano

kakak perempuan
hermana

badan

cuerpo

dahi
frente
mata
ojo
bahu
hombro
jari
dedo
muka
cara
dagu
barbilla
tangan
mano
kaki
pierna
payudara
pecho
lengan
brazo

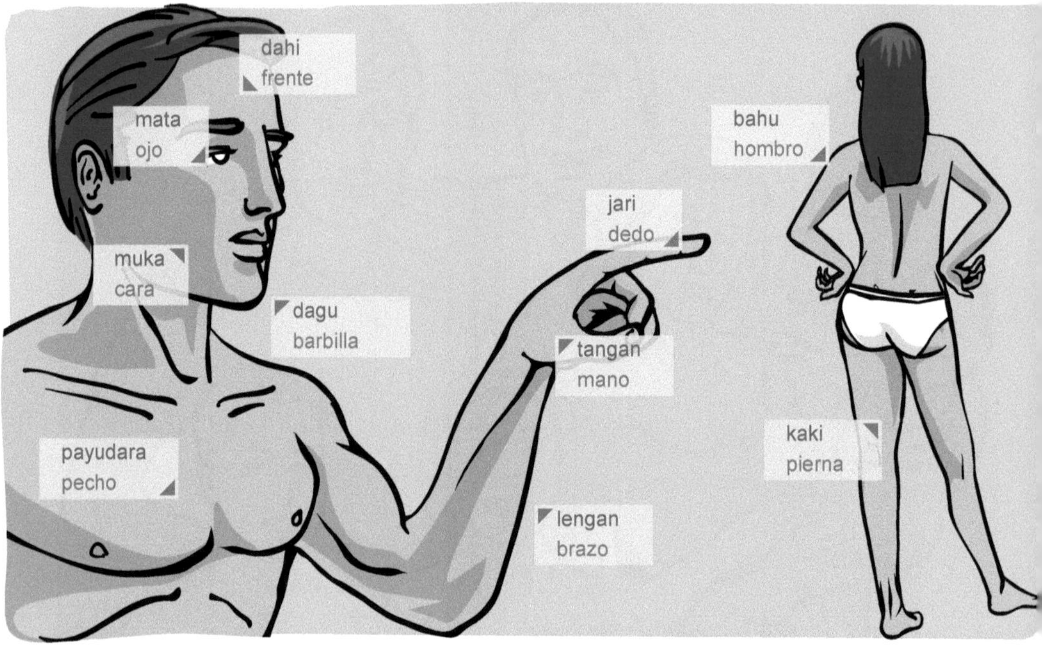

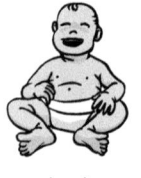

bayi
bebé

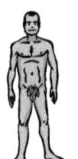

pria
hombre

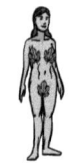

wanita
mujer

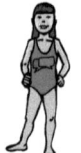

perempuan
muchacha

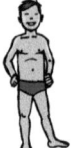

laki
joven

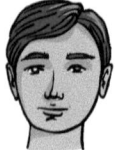

kepala
cabeza

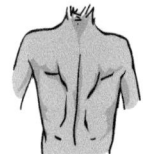

punggung

espalda

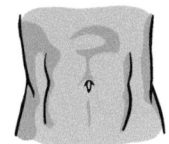

perut

vientre

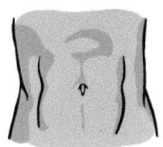

pusar

ombligo

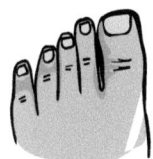

toe

dedo del pie

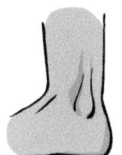

tumit

talón

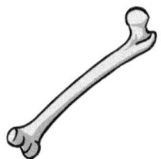

tulang

hueso

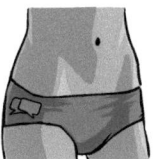

pinggang

cadera

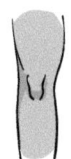

lutut

rodilla

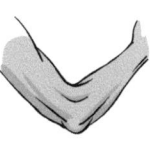

siku

codo

hidung

nariz

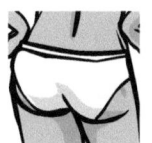

pantat

trasero

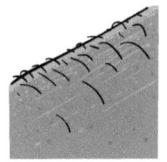

kulit

piel

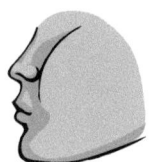

pipi

mejilla

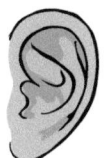

telinga

oreja

bibir

labio

badan - cuerpo

mulut

boca

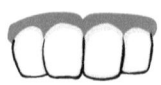

gigi

diente

lidah

lengua

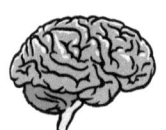

otak

cerebro

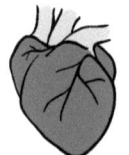

jantung

corazón

otot

músculo

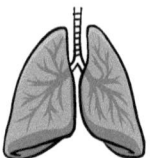

paru-paru

pulmón

hati

hígado

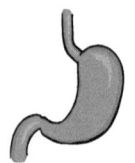

stomach

estómago

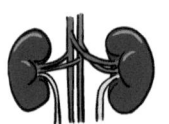

ginjal

riñones

hubungan seks

relación sexual

kondom

condón

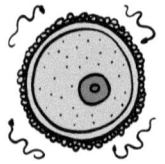

sel telur

Óvulo

sperma

esperma

kehamilan

embarazo

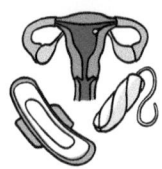

menstruasi
menstruación

vagina
vagina

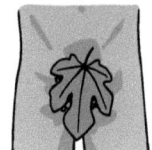

penis
pene

alis
ceja

rambut
cabello

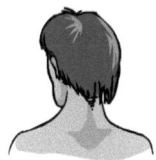

leher
cuello

rumah sakit
hospital

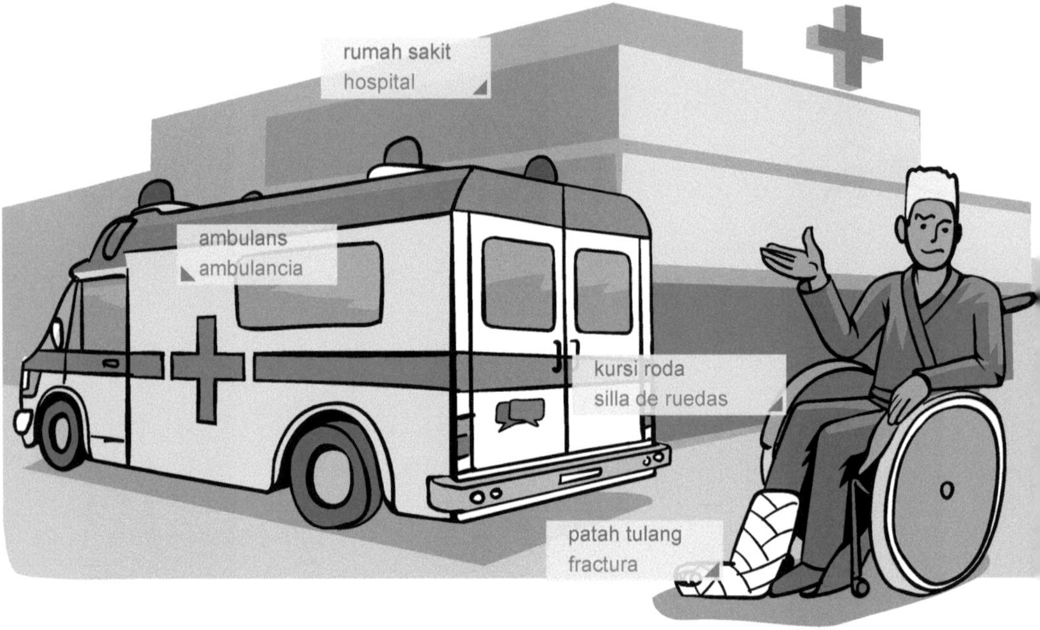

rumah sakit
hospital
ambulans
ambulancia
kursi roda
silla de ruedas
patah tulang
fractura

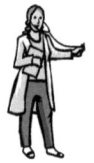

dokter

médico

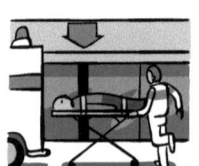

ruang darurat

admisión de urgencia

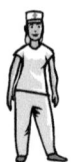

perawat

enfermera

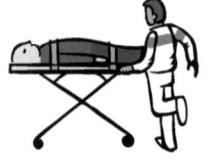

darurat

emergencia

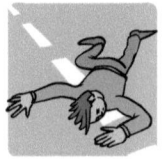

semaput

inconsciente

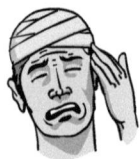

sakit

dolor

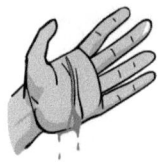

cedera

lesión

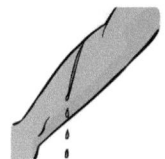

perdarahan

hemorragia

serangan jantung

infarto de miocardio

stroke

apoplejía cerebral

alergi

alergia

batuk

tos

demam

fiebre

flu

gripe

diare

diarrea

sakit kepala

dolor de cabeza

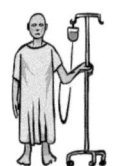

kanker

cáncer

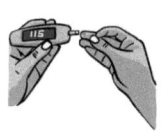

diabetes

diabetes

ahli bedah

cirujano

pisau bedah

escalpelo

operasi

operación

CT
TC

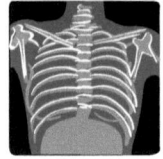

sinar x
rayos X

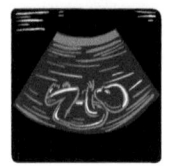

usg
ultrasonido

topeng
máscara

penyakit
enfermedad

ruang tunggu
sala de espera

penyokong
muleta

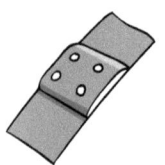

plester
emplasto

perban
vendaje

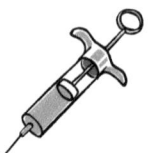

injeksi
inyección

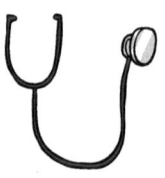

stetoskop
estetoscopio

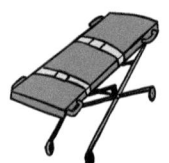

usungan
camilla

termometer klinis
termómetro

kelahiran
nacimiento

kelebihan berat badan
sobrepeso

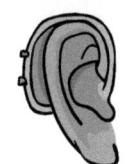

alat pendengar

audífono

desinfektan

desinfectante

infeksi

infección

virus

virus

HIV / AIDS

VIH / SIDA

obat

medicina

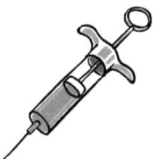

vaksinasi

vacunación

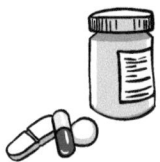

tablet

comprimido

pil

píldora anticonceptiva

panggilan darurat

llamada de emergencia

ukur tekanan darah

medidor de presión arterial

sakit / sehat

enfermo / saludable

Tolong!

¡Ayuda!

alarm

alarma

penyerbuan

asalto

serangan

ataque

bahaya

peligro

pintu darurat

salida de emergencia

Api!

¡Fuego!

alat pemadam kebakaran

extintor

kecelakaan

accidente

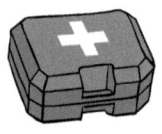

kit pertolongan pertama

kit de primeros auxilios

SOS

SOS

polisi

Policía

Eropa

Europa

Amerika Utara

América del Norte

Amerika Selatan

América del Sur

Afrika

África

Asia

Asia

Australi

Australia

Atlantik

Atlántico

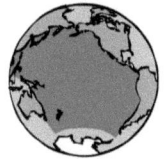

Pasifik

Pacífico

Samudra India

Océano Índico

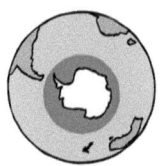

Samudra Antartika

Océano Antártico

Samudra Arktik

Océano Ártico

kutub utara

Polo Norte

kutub selatan

Polo Sur

Antarktika

Antártida

bumi

Tierra

tanah

país

laut

mar

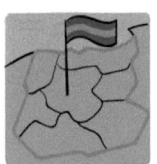

pulau

isla

bangsa

nación

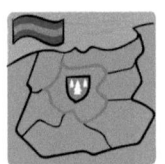

negara

Estado

jam wajah

cuadrante

jarum pendek

horario

jarum menit

minutero

jarum detik

segundero

Jam berapa?

¿Qué hora es?

hari

día

waktu

tiempo

sekarang

ahora

jam digital

reloj digital

menit

minuto

jam

hora

minggu
semana

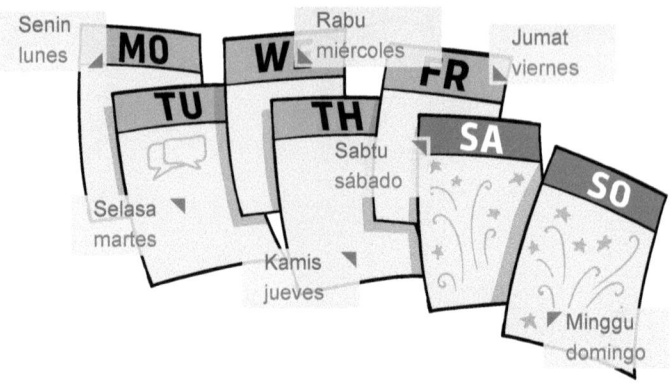

kemaren

ayer

hari ini

hoy

besok

mañana

pagi

mañana

siang

mediodía

malam

tarde

hari kerja

jornada de trabajo

akhir minggu

fin de semana

tahun

año

hujan
lluvia
pelangi
arco iris
angin
viento
salju
nieve
musim semi
primavera
musim gugur
otoño
musim panas
verano
musim dingin
invierno

4.APRIL 11°
5.APRIL 4°
6.APRIL 13°
7.APRIL 8°
8.APRIL 10°

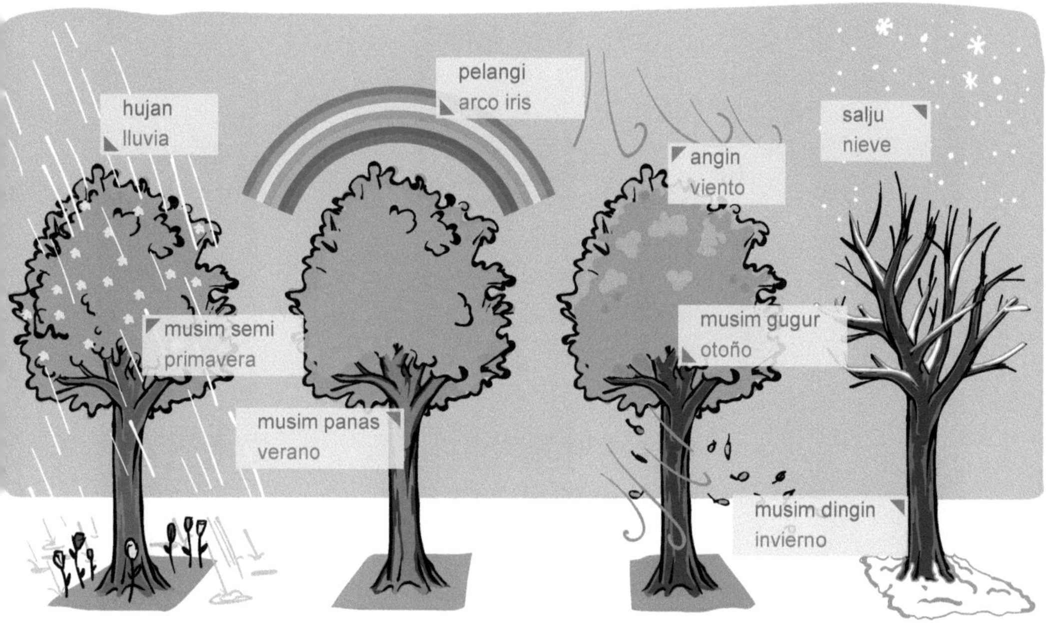

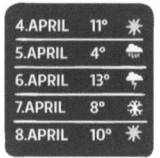

ramalan cuaca

pronóstico meteorológico

F
C
120
90
60
30
0
-30
40
30
20
10
0
-10
-20

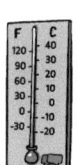

termometer

termómetro

matahari

luz solar

awan

nube

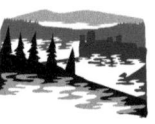

kabut

niebla

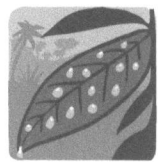

kelembahan

humedad ambiente

kilat

relámpago

guntur

trueno

badai

tormenta

hujan es

granizo

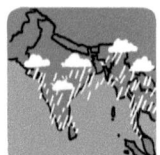

monsun

monzón

banjir

inundación

es

hielo

Januari

enero

Februari

febrero

Maret

marzo

April

abril

Mei

mayo

Juni

junio

Juli

julio

Agustus

agosto

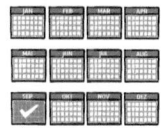

September
septiembre

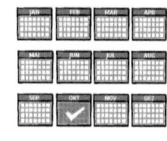

Oktober
octubre

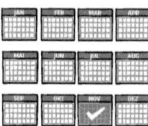

November
noviembre

Desember
diciembre

bentuk

formas

lingkaran
círculo

persegi
cuadrado

persegi panjang
rectángulo

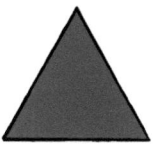

segi tiga
triángulo

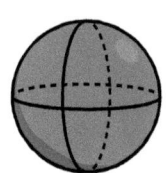

bola
esfera

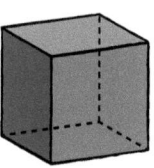

kubus
cubo

colores

putih

blanco

kuning

amarillo

oranye

anaranjado

pink

rosa

merah

rojo

ungu

lila

biru

azul

hijau

verde

coklat

marrón

abu-abu

gris

hitam

negro

banyak / sedikit

mucho / poco

marah / tenang

enojado / calmado

cantik / jelek

bonito / feo

mulaih / selesai

comienzo / fin

besar / kecil

grande / pequeño

terang / gelap

claro / oscuro

saudara laki-laki / saudara
perempuan

hermano / hermana

bersih / kotor

limpio / sucio

lengkap / tidak lengkap

completo / incompleto

hari / malam

día / noche

mati / hidup

muerto / vivo

luas / sempit

ancho / angosto

dapat dimakan / tidak dapat dimakan

disfrutable / no disfrutable

jahat / baik

malo / amigable

bersemangat / bosan

excitado / aburrido

gemuk / kurus

gordo / delgado

pertama / terakhir

primero / último

teman / musuh

amigo / enemigo

penuh / kosong

lleno / vacío

keras / lembut

duro / suave

berat / enteng

pesado / liviano

lapar / haus

hambre / sed

sakit / sehat

enfermo / saludable

ilegal / legal

ilegal / legal

cerdas / bodoh

inteligente / tonto

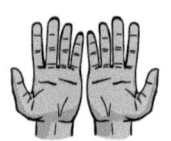

kiri / kanan

izquierda / derecha

dekat / jauh

cercano / lejano

baru / bekas

nuevo / usado

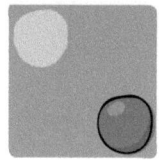

tidak ada apapun / sesuatu

nada / algo

tua / muda

viejo / joven

nyala / mati

encendido / apagado

buka / tutup

abierto / cerrado

tenang / keras

bajo / fuerte

kaya / miskin

rico / pobre

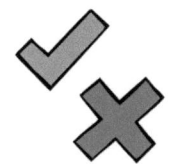

benar / salah

correcto / incorrecto

kasar / halus

áspero / liso

sedih / gembira

triste / alegre

pendek / panjang

breve / extenso

pelan-pelan / cepat

lento / veloz

basah / kering

mojado / seco

hangat / sejuk

caliente / frío

perang / damai

guerra / paz

0

nol

cero

1

satu

uno

2

dua

dos

3

tiga

tres

4

empat

cuatro

5

lima

cinco

6

enam

seis

7

tujuh

siete

8

delapan

ocho

9

sembilan

nueve

10

sepuluh

diez

11

sebelas

once

12

duabelas

doce

13

tigabelas

trece

14

empatbelas

catorce

15

limabelas

quince

16

enambelas

dieciséis

17

tujuhbelas

diecisiete

18

delapanbelas

dieciocho

19

sembilanbelas

diecinueve

20

duapuluh

veinte

100

seratus

cien

1.000

seribu

mil

1.000.000

juta

millón

Inggris

inglés

bahasa Inggris Amerika

inglés estadounidense

bahasa Cina Mandarin

chino mandarín

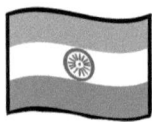

bahasa Hindi

hindi

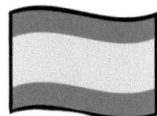

bahasa Spanyol

español

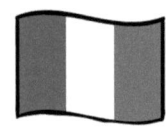

bahasa Perancis

francés

bahasa Arab

árabe

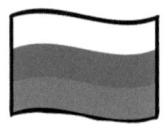

bahasa Rusia

ruso

bahasa Portugis

portugués

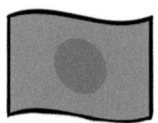

bahasa Bengal

bengalí

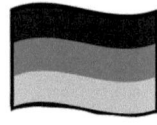

bahasa Jerman

alemán

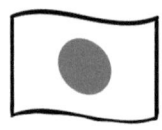

bahasa Jepang

japonés

saya

yo

kamu

tú

dia

él / ella

kita

nosotros

kalian

vosotros

mereka

ellos

siapa?

¿quién?

apa?

¿qué?

begaimana?

¿cómo?

dimana?

¿dónde?

kapan?

¿cuándo?

nama

nombre

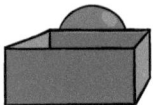

dibelakang

detrás

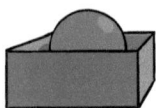

di

en

didepan

delante de

diatas

encima de

diatas

sobre

dibawah

debajo de

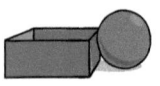

sebelah

junto a

di antara

entre

tempat

lugar